どうする？
1、2歳児の

保育士のための
園づくり
トレーニング

噛みつき・ひっかき

神田冨士子

子どもの未来社

はじめに

埼玉県草加市の保育園で保育士をしていたころ、私は、噛みつきやひっかきにどう対処すべきかにとまどい、悩んでいました。「しまった！」「あのとき防げたのでは？」と落ち込みもしました。「歯型があったんですけど……」と、翌日になって保護者の方から指摘されると、「どうして気づいてあげられなかったのか」と、自分の保育に対する反省で暗い気持ちになったこともありました。

そんなころ、「子どもの発達について勉強してみませんか」と、新保《しんぽ》庄三氏（子ども総合研究所代表）からお誘いを受けました。当時の私はまだ三十代。保育についてもっと勉強したいと思っていましたし、周りにも同じような保育士がたくさんいました。そこで、京都大学の田中昌人先生（故人）を地元・草加市にお招きし、年一回、子どもの発達を学ぶ集中講座を立ち上げました。

この発達講座を一〇年続けたことで、子どもが見えるようになりました。噛みつきやひっかきが起こりやすい場面が予測できるようになり、回避するためにはどんな保育をすればよいかを考えられるようになったように思います。

そして今、退職して五年経った目で保育園を見たとき、噛みつきやひっかきをなくすためにどうしたらよいか、保護者との関係をどう築いていけばいいのかなど、現場保育士の悩みは増えこそすれ、減ってはいないことに気づきました。噛みつきもひっかきも子どもの成長過程のひとつ、という考えもあるかもしれません。しかし、保育の現場にいた者として、それだけで済ませてはいけないのではと、私は思っています。「起こるかもしれない」という危機管理意識を持ち、どう保育するか、そして、職員同士の関係、保護者との関係をどう紡いでいくかという観点が大切だと思うのです。私たち保育士には、子どもたち一人ひとりがその年齢にふさわしい発達を遂げていけるよう、安心安全な保育園づくりに努力する責務があるのですから。

子どもたちが大きなケガをすることなく、心ゆくまで遊べる環境を整えることはもちろん、安心安全な園づくりに保護者との信頼関係は欠かせません。本書では、そのためにどんな視点が必要なのかを考えてみたいと思います。具体的な考察とするために、噛みつき・ひっかきが起こりやすい一、二歳児クラスを前提として執筆しました。

今、雑誌やネット上に子育ての情報があふれています。一方、人とつながり、援助したりされたりすることが難しかったり、近所に遊び場がなく、思い切りからだを動かして遊ぶことができない子どもたちが増えています。こういう時代だからこそ、保育所職員が全員で、「保育園では、いつ噛みつきやひっかきが起こってもおかしくない」という危機管理意識を共有する必要があります。

言うまでもなく、何よりの危機回避策は、子どもの発達特性を理解し、子ども一人ひとりに寄り添った保育を実践することです。ただ、それだけでは不十分なことも確かです。保育士なら誰もが抱いているであろう「こんな保育をしたい」「この子のこんな長所を伸ばしてあげたい」という思いを大切にしつつ、安心安全な園づくりのためにどのような視点が必要なのか、保育の現場で本書を役立てていただければ幸いです。

二〇一三年七月

神田冨士子

＊本書は、子ども総合研究所主催の二〇一二年夏期セミナーでの講演「保育中に起きたケガ――特にかみつき・ひっかきについて考える」をもとに再構成しました。

どうする？　一、二歳児の噛みつき・ひっかき◆もくじ

1

噛みつき・ひっかきを防ぐには？

◎芽生え始めた自我を受け止めていますか？

人間の脳は、一歳を過ぎるあたりから一〇〇〇グラムを超え、生まれたときの約三倍、成人の約七割の重さに達します（日本応用心理学会編『応用心理学事典　発達心理学』丸善出版、二〇〇七年）。脳の発達にともない睡眠のリズムがコントロールされるようになり、子どもたちは午前中の時間を眠らずに過ごせるようになっていきます。ベビーカーで散歩に連れていっても、眠らずに保育士の言葉かけで周りの景色を眺めたり、ときには心地いい風を感じたりできます。つまり、日中の活動が飛躍的に充実してくるのが、この時期の子どもたちなのです。靴を履いてよちよち歩きができるようになり、午睡後にトイレに行くと排泄が成功したりして、排泄の自立に向けた基礎ができてくるのも、この時期の特徴です。少しずつ手で道具を扱えるようにもなり、いろいろな経験を積み重ねていけるようになります。

食事も手づかみではなくなり、さかんにスプーンを使おうとします。そういうチャンスを逃さず大人がスプーンを使って見せると、子どもは一生懸命真似して自分でスプーンを持ち、食べ物を口の中へ入れます。そんなとき、大好きなお母さんや先生が、「じょうず、じょうず」とほめてくれると、子どもは本当にうれしそうな顔をするものです。「うまくできた」

という成功体験がうれしいし、ほめられたこともうれしい。これが、「またやってみよう」という動機づけになります。そして、スプーンはものを食べるときに使う道具だということを、体験的に理解していくのです。

子どもは、自分に寄り添ってくれる大人から「じょうず、じょうず」「ありがとう」などと言われる体験を繰り返すことで、相手の意図を受け止め、その求めに応じることができるようになっていきます。自分から言葉を発することはできなくても、相手の言葉を理解することはできるので、例えば「ゴミをポイして」と言われれば、言われたとおりにゴミ箱に捨ててくれます。そのとき、誇らしげな表情をすることでしょう。その表情を見逃さず、「じょうず」などと声に出してほめてあげることが大事です。するとやがて、「抱っこ」「マンマ」「イヤ」など、言葉によるコミュニケーションができるようになっていくのです。

言葉がともなわなくても、一歳児が抱っこしてほしい仕草をしたら、「抱っこしてほしいの？」と、言葉に出して抱っこしてあげましょう。「この仕草をすると、お母さんは、先生は抱っこしてくれる」と子どもが思うようになる、その関係性と抱っこの心地よさが大事なのです。中には仕草で表せず、目だけで訴える子もいます。そのような子には、「〇〇ちゃんも抱っこしてほしいのね」と言葉かけをし、抱っこしてあげてください。

一歳児は、言葉を発するようになった子、まだ言葉が出ない子など、発達段階にばらつきがあります。目や仕草でしか訴えられない子を見逃さず、受け止めてあげてください。その繰り返しが、子どものコミュニケーション能力をはぐくんでいきます。コミュニケーションとは、双方向なもの。相手が受け止め、理解し、受け止めたことを相手にまた返していくことの繰り返しです。

自我が芽生え、「自分」という意識が子どもの中に育つこの時期、子どもは、お母さんや保育士など、周りの大人とのやりとりで人間らしさを自分のものにしていきます。ていねいな対応を心がけたいものです。

二歳を迎えるころになると、子どもたちは強く自己主張するようになります。山梨大学教授の加藤繁美先生は、この時期の子どもは強烈に自分の思いを主張するようになると同時に、相手に共感する心地よさも育ってくるが、共感より自己主張のほうが強く出る特徴がある、ということを指摘されています。

保育園でよく見かけるのは、自分で靴を履きたかったのにお母さんが履かせてしまったと言って、子どもが大泣きしている光景です。町なかでも、自分の主張が通らなかったと言って、子どもが床に寝転んで手足をばたつかせながらわめいている場面に遭遇しますね。こういうときの大人の反応を観察してみると、途方に暮れているか、無理矢理言うことをきかせようとして騒ぎを大きくしているか、どちらかの場合が多いようです。

では、どう対処したらいいのでしょうか。例を挙げて考えてみましょう。

保育園の給食の時間でのこと。二歳児のT君が「ピーマン、いや！」と言って、口から吐き出してしまいました。

「そう、Tちゃんはピーマン嫌いなの」

と、担任はT君の思いを受け止め、寄り添います。

T君は、「先生が自分の気持ちを聞いてくれた」と内心では心地よく思いつつ、「いやだ」という顔をします。その表情を見落とさないことが大切です。ここですぐにピーマンを口元に持っていったりせずに、まず保育士のメッセージを言葉で伝えるのです。担任は、

「そう、Tちゃんはピーマンが嫌いなんだ。でも、食べると強くなって、お熱が出なくなるかもしれないよ」

などと話してきかせてから、

「ちょっとだけ食べてみる？」

と促してみました。するとT君は思わず、

「うん」

「じゃあ、お口を開けて。ちょっとだけ先生が入れてあげる。あーん」

T君、食べてくれました。食べてくれたら、「すごい、すごい」と言葉でほめるだけでなく、

頭をなでたり、拍手をしてあげましょう。それが子どもの中に誇らしげな気持ちを喚起して、「好き嫌いをせず、何でも食べると元気になれる」と自分から思えるようになっていくことでしょう。

この年齢の子どもたちにとって、自分の思いをていねいに受け止めてくれる大人との出会いを重ねる体験は、とても大切です。受け止めてもらったうれしさ、心地よさが、他者の言葉や思いを自分の中に受け止める土壌をはぐくむのです。私たち保育士はそのことを日々意識し、子どもたちの中に相手を受け入れる心が誕生していくサポートをしていくことが大切です。

◎戸外遊びは足りていますか?

このような一歳半から二歳児の発達特性をふまえたうえで、噛みつきやひっかきを未然に防ぐために何ができるのか、考えてみましょう。

噛みつきやひっかきは、子どもたちがイライラしている状態にあると起こりやすくなります。そういう意味で、多くの保育士がまず思い浮かべることは、「日ごろから楽しい保育を実践しているだろうか」「わくわくするような保育ができているだろうか」ということではないでしょうか。

私は、「楽しい保育」「わくわくするような保育」は、「動の遊び」と「静の遊び」のバランスだと考えています。小さい子にとって、生活の主要部分を占めるのが遊びです。室内遊び（保育士の世界では「ふれあい遊び」「探索遊び」という言葉も使います）が「静の遊び」なら、戸外遊びは「動の遊び」です。

小さな子どもは、からだを使う戸外遊びが大好き。保育園で噛みつきやひっかきの問題が起こるのは、たいてい、戸外遊びが不足しているときです。大好きな戸外遊びを実現してもらえないイライラが、噛みつきやひっかきにつながることが多いのです。

一、二歳児保育では、一五人前後の子どもに三人の担任がつくことが一般的ですが、三人いれば目が届きやすいかというと、そうはいきません。十数人の一、二歳児を連れて外に出ることは、保育士にとって、気を抜く暇のない大変な時間。靴を履かせて外に出るだけでも一苦労、靴を脱いで全員を部屋に戻すのは、もっと大変です。一、二歳児のクラスを受け持ったことのある保育士はそのことをよく知っているので、つい、「外に出なくても保育は成り立つ」との思いが頭をもたげてきてしまう……。

保育士ならみな、「子どもたちをどんどん外へ連れていってあげたい」と思ってはいるのです。でも、「きょうは○○ちゃんが風邪をひいているから」「子どもたちもまだ園生活に慣れていない時期だから」などと言い訳を探し、室内保育が多くなってはいないでしょうか。外に連れていってあげたいけれど、子どもたち一人ひとりに目配りできるかを考えると心配が先に立つ。常にこうしたジレンマに悩まされるのが、保育士の仕事です。

このジレンマを克服し、室内遊びと戸外遊びをバランスよく保障してあげるには、どうすればいいでしょうか。

一つには、園長や副園長、あるいは担任を持っていない保育士が援助（連携）することが考えられます。天候不順などでどうしても戸外遊びができない条件がある場合でも、保育室からホールに移動して軽くからだを動かす遊びをする、といった展開も考えられます。

以前、ある研修会で講師を務めた際、「ホールへ移動するのも外に出るのも大変さは同じ。子どもたちは、それぞれが興味のあるほうへ勝手に動いてしまいます。あのバラバラしている子どもたちを連れていくのは本当に大変です」と、正直な感想を披露してくれた保育士がいました。確かに、見るもの触れるものすべてに好奇心を示す子どもたちですから、「これは何？」「あれは何？」と、興味のおもむくまま動いてしまいます。本来なら、そのような探索遊びを自由にさせながら移動するのが理想かもしれません。

ですが、「きょうは戸外遊びは無理だから、せめて広いホールで遊ばせたい」という目的を優先するのならば、できるだけかたまって手をつながせ、「はい、行きますよ」「はい、行きますよ」と、少々追い立てるように連れていっても、子どもの探究心は阻害されないと思います。どこに主要な目的を置くのかを、そのつど担任同士で確認し、子どもの「ああ、楽しかった」という思いを実現させることが大事なのだと思います。

◎おもちゃとコーナーを工夫していますか？

「楽しい保育」「わくわくするような保育」の工夫はしているのに、どうしても噛みつきやひっかきが起こってしまうときは、保育環境が適切に整えられているかどうか、今一度チェックしてみましょう。

例えば、年齢だけでなく、月齢の違いを考慮したおもちゃは用意されているでしょうか。特に年度始めの四月は、三月まで使っていたおもちゃがそのまま使われていたりするものです。日々成長していく子どもたちが、一年を通じてわくわく楽しんでおもちゃ遊びできるよう、きめの細かい配慮が必要です。

また、おもちゃは子どもが取りやすいように置いてありますか？　例えば、おもちゃをしまっておくラックの向きを少し斜めにするだけで、小さな子にも中が見えやすくなり、自分で取れるようになります。現場の状況に合わせて、工夫してほしいところです。

子どもが自由におもちゃを取り出せるようになっていると、おもちゃの取り合いが始まることがあります。ほかの子が手にしたおもちゃを見て、「自分もあのおもちゃがほしい！」という仕草を見せたり、場合によっては、おもちゃを奪い取ろうとする子が出てきます。

こういう場合、保育士に求められる対応はまず、「この二人の間に争いが起きるかもしれない」と予測を立てること。気づいたらすぐ子どもに近づき、黙って見守りつつ、次の展開に備えてください。

コーナーの工夫はしていますか？　よく受ける質問に、「今の保育室の状況では、コーナーを工夫することなどできません。どうすればいいのでしょうか」というものがあります。常設の、いわゆるコーナーがなくてもいいのです。部屋の隅っこに、おままごと用の布団と人形を用意して、子どもをそこに誘って遊んであげるだけでもいいと思います。子どもは隅っこが好きですから、すぐに寄ってきて、遊びが展開していきます。お部屋の真ん中ではどうも落ち着かないけれど、隅っこなら安心して遊べる、という子どもの心理を読んで、「きょうはここにコーナーをつくってあげようかな」というふうに、流動的にスペースをつくってあげるのもいいと思います。

そして、絵本は消耗品と考えましょう。小さな子ほど、絵本をビリビリ破いたりするものです。月齢が上がるにしたがって破かなくはなりますが、子どもの様子を見ながら用意し、読んであげましょう。季節的な配慮も大切に。例えば八月なら、魚や海が出てくるものを意識的に選び、読んであげる。歌や手遊びも、魚や水遊びを意識した題材を選んでみる。子どもは、大好きな歌や手遊びから夏の雰囲気を感じ取ってくれます。

乳児だから思いつきの保育で良い、ということにはなりません。子どもの思いを受け止めた保育計画を立て、実践し、反省・評価し、さらに、次の保育計画につなげていきましょう。

◎一人ひとりに寄り添っていますか？

子どもたち一人ひとりに保育士の目がきちんと向いていないとき、遊びの中で、噛みつきやひっかきが起きやすくなります。乳児保育は、幼児保育のような設定（細かい課題をもって保育すること）の時間がほとんどありません。ちょっとしたことで子どもがすぐにバラけてしまうので、設定保育をするにしても短時間です。保育士は、そんな子どもたちを見守り、寄り添いながら次の遊びにつなげていきます。

「見守る」「寄り添う」と言葉で言うのは簡単ですが、保育士が自覚的に行わないと、「ただ見ているだけ」になりがちです。

一歳児のAちゃんとBちゃんが、おもちゃで遊んでいるとしましょう。保育士がきちんと見守っていれば、二人の仕草から、「AちゃんがBちゃんのおもちゃを欲しがっているな」とわかるはずです。そのとき、保育士はさまざまなことに考えを巡らさなければなりません。例えば、「Aちゃんは一歳十か月、Bちゃんは一歳八か月だったな」、あるいは、「Aちゃんは気持ちが安定している子だけれど、Bちゃんはどうも不安定。そばに寄ってきては抱いてほしい仕草をする子だな」などです。AちゃんとBちゃんの様子に気づいた瞬間から、次にどのような行動を取ればいいかを予測しておくことが大事ではないかと思います。

例えば、ある程度見守ったところでAちゃんとBちゃんの間に入り、「Aちゃん、Bちゃんに『貸して』って言おうね」と、Aちゃんに気持ちの伝え方のお手本を示してあげる。Aちゃん自身の言葉がなくても、大人が間に入ることでBちゃんが素直におもちゃを貸してくれることもあるでしょう。Bちゃんに代用のおもちゃを渡すことも考えられます。Bちゃんが貸してくれなかった場合は（実際にはそういうことのほうが多い）、貸してもらえなかったAちゃんの悲しい気持ちに寄り添い、一緒に遊んであげたうえで、次の遊びにつなげていく必要もあります。

小さい子は、自分の気持ちを簡単に言葉にはできません。それを代弁し、態度で示し、仲立ちをしてあげながら、次に展開していくのです。保育士のていねいな対応が、子どもの遊びをわくわくと楽しいものにしていくことでしょう。

2

担任同士の連携を大切に

◎安心安全な園づくりの第一歩、コミュニケーション力

子ども一人ひとりをきちんと見守っているか、寄り添えているかは、個々の保育士の力量に負う面があることは確かですが、園全体の課題として取り組むべきことでもあります。

現場で二〇年保育をしていれば、二〇年分の経験は自然についてきます。けれど、振り返りのない経験は本当の意味での経験とはなりません。振り返りの中で培われた力量こそが「経験」と呼べるものであり、経験を積み重ねるのは早ければ早いほどいいと言えます。新人保育士を育てたいのなら、本当の意味での経験を積み重ねていける体制を、園としてつくることです。そしてそれはリーダーの役割であり、リーダーの働きかけしだいです。

このクラスはなんとなくザワザワしている、一見問題なく遊んでいるように見えてどこか落ち着きがない――。そういうクラスでは、噛みつきやひっかきが起こりやすいものです。そして、子どもたちの落ち着きのなさは、担任同士の人間関係がうまくいっていない表れであることが多いのです。

原因の一つとして、保育方法についての認識のずれが考えられます。ずれといっても本質的なずれではなく、細かいずれであることが多いようです。大きなずれは目立ってわかりや

すいのですが、微妙なずれはわかりにくく、互いに不満として蓄積しやすいものなのです。

例えば、こんな例がありました。保育園では、お部屋の隅にトイレがあります。入園当初はまだおむつをしている子もいるので、トイレの指導はとても大事なのですが、これからトイレトレーニングをしようという一歳児のクラスの子がトイレを使うのですから、当然、うまくいくことばかりではありません。トイレ周りを汚してしまうことは日常茶飯事といっていいでしょう。

子どもがトイレを汚すであろうことは、保育士ならみな理解し、予測しています。また、子どもがトイレを要求したときは連れていく、食事やおやつの前には必ず連れていくなど、排泄の自立を促すための決まりも保育士間で共有しています。問題は、「どの子にもきれいな便器でトイレトレーニングをさせてあげたい」という思いの差、とでも言えばいいでしょうか。

濡れた便器に座るのは、大人だろうと子どもだろうと不快なものですが、目の前の子どもの排泄にばかり気を取られて、便器の汚れに気づかない保育士がいるのです。せっかく子どもの排泄の面倒をみても、汚れた便器の始末をしていないために、「子どもを連れていくと、いつも濡れている」「いちいち掃除をしてから子どもを座らせるはめになる」「まったくあの先生ったら、私たちがやっていることを見ていないんだから」となってしまうのです。

しかし、今は昔と違い、「見て覚えなさい」が通用する時代ではありません。園内研修の講師にお招きいただくとよく、「うちの若い先生たち、なかなか覚えてくれないんです。私たちが若いころは、先輩のやっていることを見て覚えたものですけど」とおっしゃる方がいますが、私自身、「見て覚えた」とはとうてい言えない気がします。私が今日あるのは、若くて何もできない私に、ベテランの先輩が行動と言葉で指導してくれた賜物だと思うのです。「私のやり方を見て覚えてほしい」ではなく、「見ていてくださいね」と言葉で伝えてください。確認をするには、文章にしておくのがいいですね。例えば、食事のときの食器の配り方、食べるときの言葉かけ、片付けの仕方など。

新人指導は保育と同じ。行動と言葉です。それを、ていねいにていねいに、クラスの中で、さらには園全体で積み重ねていくことが大切だと思います。

◎長所を見つけるトレーニングから始めよう

そういう意味でも、保育士はコミュニケーション能力を高めていくことが大切です。と、言葉で言うのは簡単ですが、実際は難しいですね。コミュニケーションは、お互いがお互いの言葉を理解し合わなければ成り立ちません。AがBに言ったことをBが理解し、理解したことをもとにBはAに何らかの反応を戻す。こうした言葉や思いのキャッチボールがコミュニケーションです。

では、コミュニケーション力を高めるにはどうすればいいのでしょう。私は、相手のいいところを認め合うトレーニングを積むことだと思っています。

この世に完璧な人間などいません。相手の悪いところに目を向けるのではなくて、いいところを認め合うのです。例えば、ものの言い方が優しい人だなと思ったら、「先生は、子どもへの言葉のかけ方が優しくて、すごくいいわねえ。聞いていて、なんだかホッとするわ」と伝える。あるいは、「子どもの名前を呼ぶとき、先生の声には心がこもっているわね。だから子どもも、先生の言うことをよく聞いているわよね」など、できるだけ具体的にほめることです。

ただし、後輩が先輩をほめるのは、意外に難しいもの。かえって失礼になってしまうのではないかと、気をつかいます。後輩に気をつかわせる前に、まず先輩のほうから後輩の長所を見つけ、言葉にしてほめるのが順序でしょう。そうなりにくい雰囲気があるのなら、園長や副園長、クラスリーダーが率先してやってほしいと思います。「ほら、○○ちゃんを見て。あれが、この間勉強した△△よ」というふうに、学んだことを現場の子どもの姿や行動に結びつけて示すことも、先輩の大事な役目です。

先輩から声をかけられているうちに、後輩は、自分が認めてもらえたと思えるようになります。「早く先輩に追いつかなければ」と不安なことばかりの後輩は、認めてもらえたと思うことで気持ちが楽になる。すると、今度は自分が先輩のいいところを発見できるようになって、自然と、「先輩のここを真似しよう」となるのです。職場の人間関係を円滑にする第一歩は、先輩からの言葉かけ。そこがうまくいくと、後輩も自信を持てるようになっていくはずです。

連絡ノートに書き込んだ保護者とのやりとりなども、担任同士で共有化してみるといいと思います。保護者の気持ちになって連絡ノートを読み合って、相手の連絡ノートのいいところをほめ合ってください。その場合も、先輩から先にほめることで、コミュニケーションがスムーズになります。少しの時間でもいいので、やりとりをすることが大切です。やりとりを積み重ねていくうちに、ほめ合うだけの共有化は卒業して、「もっとこういうふうにしては？」と、辛口の意見も出し合える関係にステップアップできるかもしれません。

乳児クラスにおいては特に、担任同士の連携は必要不可欠です。連携ができていれば、一日の流れに沿って互いの動きをきちんと確認し合い、その日一日がスムーズに流れるよう、互いが互いを補完することができるはずです。

開設間もない保育園の一歳児クラスへ研修にうかがったときのことです。その園では担任の間で役割分担がきちんと確認されておらず、三人とも同じ動きになっていました。そこで、どうしてそうなるのか、話し合ってもらいました。すると、先輩が忙しそうにしているので手助けしなければと、後輩が思い込んでいたことがわかりました。

一日の流れをスムーズにするためには、先輩、後輩という関係を抜きにして、担任それぞれが自分の役割を確認しておくことが大切です。例えば、朝の受け入れの時間。泣いている子を抱っこして「おはよう」と声かけしたり、子どもたち一人ひとりの顔色を確認し、手をつないでお部屋に連れていくのがA担任の役割だとすると、B担任はそこでどんな動きをするのか、C担任はまた違うどんな動きをするのか、ということです。三人の担任がみな同じ動きになってしまわないよう役割分担を明確にしておくのです。できれば、それを紙に書き出しておくといいでしょう（30～31ページ参照）。

それらの分担を三人が交代で行うとすると、若い先生がリーダーになったときは、サブリーダーには経験豊富な先生を配置できるよう、順番を考えておくことも大切です。そうしないと、対応できなくなることがあります。三人で役割を回し、三人が育ち合いながら分担をしていくことが大事です。

●保育士の役割分担例●

（3人担任の場合）

時間	一日の流れ	子どもの動き	リーダーの役割 中心になって子どもを保育する	サブリーダーの役割 リーダーの補助	サブサブの役割 リーダー、サブリーダーの補助
	登園 健康観察	・順次登園	・子ども一人ひとりに挨拶をし、顔色や機嫌等を見ながら受け入れをする ・保護者の連絡を受ける	・リーダーを補助しながら子どもと一緒に遊ぶ	・子どもと一緒に遊ぶ
	自由遊び		・子どもが落ち着いて遊べるように配慮する ・連絡ノートに目を通し、必要事項をメモし、他の二人に報告する	・リーダーを補助しながら子どもと一緒に遊ぶ	・同上
	排泄（必要な子のみ）	・トイレに行く	・一緒にトイレに行き、トイレ指導をしながら排泄の確認をする	・遊んでいる子どもを見ながら順次トイレに誘う	・リーダーの補助をし、トイレが終わった子と遊ぶ
9：00	朝の集まり おやつ（※）	・名前を呼ばれたら返事をする ・絵本を見たり、歌をうたったりする ・順番に手を洗い、椅子に座る ・挨拶をし、おやつを食べる	・絵本を読んだり、手遊びをしたりする ・挨拶をし、出欠をとる ・その日の予定を話す ・順番に名前を呼んで手を洗う ・待っている子と一緒に手遊びなどをする ・テーブルにつき、おやつの介助	・子どもと一緒に座り、話を聞けない子、落ち着かない子をフォローする ・手洗いの介助 ・同上	・おやつの準備（テーブル、椅子、口拭きタオルの用意など） ・おやつを給食室に取りにいき、配る

9：30	排泄	・トイレに行く	・一緒にトイレに行き、トイレ指導をしながら排泄の確認をする	・子どもをトイレに誘いながら着脱介助をし、遊んでいる子どもを危険のないように見守る	・おやつの片付け
10：00	外遊び	・園庭で遊ぶ	・帽子を配り、かぶる介助をする ・子どもを園庭に誘導し、一緒に遊ぶ	・帽子をかぶる介助	・活動後の着替えの準備 ・照明、エアコンなどを消す
	入室 排泄 着替え	・おもちゃを片付け、手足を洗って入室する ・トイレに行く ・着替える	・子どもと片付けをし、入室の介助をする ・ある程度の人数になったら一緒に入室し、トイレの指導をしながら着替えの介助をする	・リーダーの補助 ・残りの子どもと入室し、リーダーに代わってトイレ指導をしながら排泄の確認をする	・入室前に足洗いの準備をする（足拭きタオル、タライなど） ・足拭きタオル等の片付けをして入室
11：00	給食	・※と同じ	・※と同じ	・※と同じ	・※と同じ
12：40	自由遊び 排泄 着替え 午睡	・おもちゃを片付け、準備ができるまで絵本を見る ・布団に入り眠る	・絵本を読んだり、手遊びをする ・安心して眠れるように傍につく	・子どもと一緒に座り、援助する ・同上	・午睡の準備 ・同上

＊午後は午睡までの動きが繰り返されることが多いため、省略した。

◎コミュニケーションあっての役割分担

保育士間の連携という意味で、もう一つ大切なことがあります。保育方法の一致です。

トイレに行くときのことを例に、考えてみましょう。一歳児クラスで担任が三人いるとしましょう。この場合、Aはその日のリーダーで、数人の子どもと一緒にトイレに入る役割、サブのBは、残りの子どもとトイレの入り口でかたまって待つ役割、Cは、トイレが終わった子を待つ役割、ということになるでしょうか。このように役割が決まっていれば、三人とも安心して動けます。

このとき大事なのは、Aがトイレに入ったあと、部屋のほうにいるBは、これからトイレに入る子たちだけを見ていればいいのではなくて、Cと一緒にトイレが終わった子への目配りもする、ということです。Cも、C本来の役割を果たしながら、Bの役割も補完します。これがすなわち、「保育の一致」です。

こうしないと、一日がうまく流れていきません。自分の役目しか果たさない人がいると、結果的にほかの人の負担が重くなり、心労が重なってやせてしまった保育士を私は知っています。ですから、Aがその日のリーダーなら、Aになった人が全体を見るのは当然ですが、

BもCも全体を見ることが大事なのです。

このことは、お散歩のときに顕著に現れます。お散歩から帰ってきたとき、子どもの人数を確認しているのは三人の担任のうちAだけ、ということがよくあります。BとCは「リーダーではないから」と、自分が手をつないでいる子どもだけを見ていればいいと勘違いしてしまう。そうではなくて、先頭にいるAが「一、二、三」と先頭から子どもの数を数えていたら、真ん中にいるBは声を出さずにまん中から前と後ろを数える、Cは列の後ろから数え、「〇〇ちゃんまで〇人です」と報告する。それぞれが違う観点をもちつつ全員で全体を見、三人で責任を負う、ということです。

一五分おきに必ず子どもの人数を確認する、という決まりを定めた園もあります。保育の現場において、子どもの人数確認は基本中の基本です。子どもを一人、公園のトイレに置いてきてしまったなど、あってはならないことです。子どもの数を把握しているということは、保育士の目が子どもに向いているということ。それが子どもに安心感をもたらします。お母さんがすぐそばで見守っていると子どもが安心して遊ぶように。子どもに安心を与えることは、わくわく楽しい保育にもつながります。

◎どの子も楽しく遊べる働きかけを

保育士の連携は、クラスの子どもたちに公平で平等な保育を実践していくうえでも欠くことのできない要素です。

一歳児の中に、いくぶん気持ちの安定しない子がいるとしましょう。特に週明けの月曜日は、子どもたちの気持ちが落ち着かない日です。気持ちの不安定さが家庭環境に起因している場合は、なおさらのこと。金曜日にようやく落ち着いた子が、月曜日にはまた元通り、などということがよくあります。

そんな月曜日には、いつもと少し違うカリキュラムを展開します。何も、難しい困難なカリキュラムを行ってくださいと言っているわけではありません。無理に散歩に出かけたりせず、ゆったりと園庭で遊びながら、気持ちの落ち着きを取り戻してあげるのです。それが保育園の役割であり、プロの役割です。不安定で泣いている子がいたら、まずその子を安定させることに力を注ぐ。一人の力で足りなかったら、足りない分をほかのメンバーが補う。「なぜ、あの子ばかりひいきされるのか」と、クレームがついたこともありました。でも、泣いたりいらついたりしている子がいては、クラスが成り立たないこともあるのです。そうならないよう、問題を抱えた子の気持ちを、ほかの子と同じ線まで引き上げてあげる。

保育の現場では、これが平等です。決してえこひいきではありません。保育園は、教育基本法が適用される教育機関ではなく、児童福祉法が適用される福祉の現場です。不公平を云々する場ではなく、どの子も安定した気持ちで楽しく遊べるよう働きかける場なのです。そしてそれは紛れもなく、保育士の連携から生み出される大切な部分だと思います。

3

保護者との信頼関係づくりと危機管理

◎噛みつき・ひっかき発生時の保護者対応

保育士同士が連携し、保育内容や保育環境を工夫し、子どもたちから目を離さないよう注意をしても、噛みつきやひっかきをゼロにするのは難しいかもしれません。起こらないことに越したことはありませんが、起こってしまった場合、どのように対処すればいいでしょうか。

首から上に傷がついてしまったときの対処には、特に気をつけたいものです。もちろん、ほかの場所は放っておいてもいいということではありませんが、自分の子の顔に傷がついてしまったときの保護者のショックは大変なものであるということは、十分認識しておかなければなりません。特にひっかき傷は跡が残ることも多いそうなので、たとえ傷が線のように細くても、できるだけ早い処置が望まれます。皮がむけるほどのひっかき傷は太陽光に当たると黒くなり、一生傷跡が残ることもあるそうです。いずれにしても、できるだけ早く医療機関を受診しましょう。

歯型にしてもひっかき傷にしても、「この程度なら」と勝手に判断せず、保護者に連絡することも大切です。園としては適切に対処したつもりでも、保護者に納得してもらえるとは限りません。顔をひっかかれてしまった子のお母さんが、園の対処に満足できず、子どもを大学病院の美容形成外科に連れていった例もあります。このときは、「お子さんが二十歳になって、『この傷のために日常生活に支障をきたしている』と本人が訴えてきたら、そのときに処置しましょう」と医師に説明され、お母さんもやっと納得されました。いずれにせよ、速やかな受診は園側の誠意の表れでもあるのです。

保護者に連絡が取れたら、状況説明だけでなく、保護者が指定したい病院があるかどうかを確認すると同時に、「できれば一緒に受診していただくと助かります」ということも、忘れずに伝えましょう。仕事の都合ですぐには来られない保護者もいるでしょうが、可能なかぎり、保護者にも一緒に傷を確認してもらいます。医師の診断も保護者が直接聞き、治療法を選択してもらいます。こうして、保護者の納得を得ながら対処していくことが大切です。

噛みつき・ひっかきは、ときには子どものからだに傷を作ってしまうため、対処や対応にきめ細かな配慮が求められます。保護者との間に信頼関係が築かれていれば、こじれることも少ないはずです。日ごろから保護者とのコミュニケーションを大切にしておきたいものです。

◎信頼関係は挨拶から始まる

保護者とのコミュニケーションを大切にするいちばん簡単な方法は、挨拶でしょう。保護者より先に保育士のほうから、笑顔で挨拶することがポイントです。その際、子どもの名前を呼んで挨拶しましょう。「○○ちゃん、おはよう！　○○ちゃんのお母さん、おはようございます！」というふうに。ピアノの腕を上げるにはかなりの努力と時間が必要ですが、挨拶は誰にでもすぐできますね。

子どもに「挨拶しなさい」「おはようは？」などと求めないようにしましょう。常日頃、保育士のほうから子どもの名前を呼び、笑顔で挨拶していれば、「挨拶は気持ちのいいものだ」と子どもに伝わって、わざわざ促すまでもなく、自然に挨拶をしてくれるようになります。中には、挨拶しても反応してくれない保護者もいます。それでも構わず挨拶してください。もしかしたら、その保護者は挨拶の文化がない環境で育った人なのかもしれません。挨拶は心地いいもの、という認識を持てないまま育った人は、挨拶を受け入れるのに時間がかかります。あきらめずに挨拶を続けましょう。気になっている保護者にこそ心をこめて、笑顔で挨拶しましょう。

ただし、作り笑いはいけません。不思議なもので、作り笑いをしていると、自分では正面を向いて挨拶しているつもりでも、からだが斜めを向いてしまうのです。つまり、無意識に相手を拒否しているということです。それは相手にも伝わりますから、子どもと話すときはちゃんと正面から向き合いましょう。叱るときも、本当にその子のことを思う気持ちがあれば、からだは自然と子どもにまっすぐ向き合うはずです。

挨拶は、コミュニケーションの入り口。何度も何度も挨拶を繰り返すうちに、気難しい保護者もいつしか、「この先生、悪くないな」「この保育園、なんだか居心地がいいな」と感じてくれるようになります。

挨拶は根気よく。子どもの名前を呼んで。

これを合言葉に、園全体で取り組んでいくといいですね。挨拶は保育園の居心地のよさを左右し、ひいては、子どもの成長や保護者との信頼関係にまで影響することを忘れないでほしいと思います。

◎子育てに自信を持てない母親に寄り添う

保護者とのコミュニケーションを日々大切にしていても、トラブルがゼロになるわけではありません。私のところにもさまざまな現場から相談が寄せられますが、それらの情報を総合すると、今の時代に特徴的なある傾向に気づきました。

今は、大学を卒業してから一〇年ほどは仕事に打ち込み、キャリアを積む女性が増えています。でも、女性の素直な気持ちとして、はやり子どもが産みたくなる。結果的に、三〇代半ば以降に第一子を出産するお母さんが増えています。

こうしたタイプのお母さん方は、初めての子育てが不安で不安で仕方がない方が多いようなのです。仕事ならある程度は先が読めるし、多少のリスクがあっても果敢に挑戦できるのに、こと子育てとなると、知らないことばかりでどうしていいかわからない。その不安を言葉にして相談できる相手もおらず、自分一人でがんばろうとしてしまう。仕事にがんばってきた人ほど、子育ても一人でがんばろうとしてしまい、不安ではちきれそうになっているようなのです。

そんなお母さんに対して、保育士が自信満々、「こんなことも知らないの？」という態度で接したらどうでしょうか。保育士としての経験も積み、中学生・高校生のわが子を持つベテランほど気をつけなければいけません。保育の現場ではごく初歩的な知識や常識も、親になりたて、不安でいっぱいのお母さんにとっては未知のことばかりなのです。より一層ていねいに言葉を重ねる努力が求められます。

ある保育士から聞いた例をご紹介しましょう。保育士が、「そろそろ牛乳もいいかもしれませんね」とお母さんにお話ししたところ、次の日そのお母さんから、「先生に言われたとおり、哺乳瓶にミルクと牛乳を半分ずつ混ぜて飲ませました」と言われ、びっくりしたというのです。「そろそろ牛乳を」と言うことで、「そろそろ哺乳瓶でミルクを与えるのを卒業して、コップに入れた牛乳を自分で飲ませてみてはどうでしょう」と、その保育士は伝えたつもりでした。でも、保育士や子育て経験のあるお母さんにとっては常識と言えるようなことも、初めての子育てに右往左往しているお母さんには通じなかったのです。

「そんなこともわからないの？」と思うかもしれませんが、このお母さんのことを非難してはいけません。「そろそろ牛乳を」で意味が伝わると思い込んでいた、保育士の説明不足だったのです。お母さんなりに一生懸命してくれたことが結果的にずれていても、「そういう意味で言ったのではありません」とか、「それは間違っていますよ」などと、わざわざ触れなくてもいいことです。連絡ノートでさりげなく、保育園でのお子さんの姿を伝えてあげましょう。「きょうは、牛乳をコップに三分の一ほど入れて、〇〇ちゃんに渡してみました。渡したコップを手に持って、一生懸命飲んでいますよ」というふうに、具体的に伝えるのがいいと思います。お母さんはそれを読んで、「あ、そうだったのか」と、一つひとつ子育ての階段を上ってくれます。

一、二歳児クラスに第一子を預けにくるお母さんは、親になってまだ一年そこそこです。わからないことだらけで当たり前という認識を持って接し、寄り添うことが大切です。保育園では、日々さまざまなことが起こります。その場面ごとに、子育てに不安を抱えたお母さんにどう寄り添うかを考え、保育士のほうから、たくさんたくさんコミュニケーションをとっていきましょう。

◎連絡ノートに何を書くか迷ったら

連絡ノートは、保護者との信頼関係を築くうえで、ぜひ活用したいツールです。お母さん方は、連絡ノートを読むのをとても楽しみにしています。お迎えのときなど、子どもに声をかけるより先に連絡ノートを開くお母さんもいらっしゃるほどです。お母さん方がそれほど楽しみにしている連絡ノートですから、保育士は、お母さんの気持ちになって書くことが大切です。悪いことばかり書いてあるとガックリきて、仕事の疲れも二倍になってしまうかもしれません。子どものいいところを伝えましょう。きっと、お母さんの元気の源になるはずです。

そうは言っても、限られた時間内でクラス全員に書くとなると難しいものです。ときには、いいところがなかなか見つけられない子もいると思います。ある研修会で、「書けば残念がらせるとわかっているようなことでも、どうしても保護者に伝えておきたいこともあります。そういうときは、正直に書いてもいいでしょうか？」という質問を受けたことがありました。私はあえて即答せず、「まずは、ご自分の園のみなさんと考えてみてはいかがでしょう」とアドバイスしました。

子どもの状況は、園それぞれに異なります。講師の私が「書かないほうがいい」「書いたほうがいい」と答えを出してしまうと、個々の状況に応じて保育士が考える過程が抜けてしまうと思ったのです。「ここだけはどうしても書いておきたい」ということがあっても、個人で即断せず、みんなで話し合ってほしいのです。トラブルになったら園の問題として共有し、園として方針を立て、担任はその方針に沿って実践する。大切なことは、みんなが共通の認識をもつことです。

◎クラス懇談会を意義あるものにするには

クラス懇談会は、保護者との信頼関係を築くうえで非常に大事な機会となります。形式的なものにならないよう、保護者が「参加してよかった」と思えるようなものにしたいものです。

ある園長から、「『今年の懇談会は、自分がファシリテーターになった気持ちでやりましょう』ということを、職員と一緒に確認しました」という話を聞きました。ファシリテーターとは、ある集団の活動がうまく運ぶよう、伴走者の役割をすることで、参加者の意見を否定せずに受け止め、引き出し、中立な立場で論点を整理していく役です。ともすれば、懇談会は園側からの一方的な説明に終わったり、個別的な質問への対応に終始しているうちに時間がなくなってしまいがちです。そうではなくて、もっと双方向な広がりのある懇談会にしようというわけです。

例えば保護者から、「うちの子がこうなんですが」と、ほかの保護者にとっては共有しにくい個別の質問が出されたとしましょう。そのとき、「その場合はこうすればいいですよ」と保育士が即答するのではなくて、質問者の話をまずじっと聴いたうえで、「今のお話ですが、どなたか経験をお持ちの方はいらっしゃいませんか?」と、その場にいるほかの保護者に投げかけるのです。できれば、同じような経験を持っていそうなお母さんや、人前で話すのが得意そうな保護者を見つけて、話のきっかけをつくってもらうといいかもしれません。こうして保育士がファシリテーター役に回り、子どもの日常という共通の話題からそれないよう意見を引き出していくことで、「私はこんな思いでやっている」「私にも同じような心配事がある」など、保護者同士の話し合いの輪ができていきます。

話の内容はどうであれ、自分の考えを人に話すと気持ちが整理され、「楽しい」「また行こうかな」という気にもなるというものです。実際この園では、「今回の懇談会は、話し合いの輪ができて楽しかった」という声が寄せられたそうです。お母さん同士、悩みを共有することで、解決の糸口が見えてくることもあるでしょう。ときには「これはわからないから先生に聞いてみましょうか」となるかもしれません。「この人となら話が合いそう」と思える人との出会いもあります。懇談会をきっかけに、子ども連れのお茶飲み会が開かれたこともあります。こうした流れが、保護者との信頼関係をつくるうえでとても役立つのです。

面談の際も、子どものいいところを見つけて伝えましょう。悪いことばかりを思い浮かべて話していると、作り笑いの硬い態度になってしまいます。どうしてもいいところを見つけにくい場合は、前もって担任同士で意見交換をし、共通認識をもつようにします。そのうえで保護者との面談に当たると、物理的にも心理的にも保護者と正面から向き合うことができ、心底「この子のここがいい」と思えることを伝えられるようになります。

4

事故が起こってしまったら

◎まずは真摯に謝罪する

ここでは、噛みつき・ひっかきが発生した場合の保護者対応について、より実践的に考えてみたいと思います。

噛まれた・ひっかかれた子どもの保護者に対して、「まだ言葉でうまく伝えられない年齢の子どもたちなので、仕方がなかったんですよね」というようなことを言ってしまう保育士がいます。これは、保育士として絶対に口にしてはいけない言葉です。自分の子のからだに傷をつくられた親の気持ちとして、発達段階云々は言い訳にもなりません。こういう場面では、一歳児の発達段階がどうとか二歳児はどうとか、専門家の発想は捨ててください。仮にどんな合理的な理由があったとしても、まず謝罪の気持ちを言葉で伝えるべきです。

私の後輩の園長の失敗談をご紹介しましょう。ある日、担任たちが気づかないうちに噛みつきが発生しました。家で子どものからだに噛みつき跡を見つけたお母さんは、園長に苦情を訴えてきました。担任ではなく、園の責任者である園長に直接、そのやるせない気持ちをぶつけたかったのです。カウンセリングを学んでいた園長は、そのお母さんの話にひたすら耳を傾けました。傾聴は、カウンセリングの基本中の基本です。

そこまではよかったのです。ところが、話を聴き終わったとたん、園長の中に、保育士としての専門知識があふれてきました。つい、「お母さん、この年齢の子は、そういう発達段階にあるのです」という意味のことを言ってしまったのだそうです。お母さんは、激怒しました。「発達段階だから仕方がないとはどういうことか。あんなに一生懸命聴いていたのは何だったのか」と。

こうなってくると、保護者によっては行政に苦情を持ち込むケースも出てくるのですが、このお母さんはそういう方ではなく、私のところへご相談にみえました。「私の考えは間違いですか？　園長先生の考え方のほうが正しいのですか？」と聞かれるので、私は、「発達云々ではありません。これは、噛みつきを防げなかった園の問題です。噛みつきをさせないような保育を園全体で考えていかなくてはいけません。本当に申し訳ないことです」とお話ししました。

何より大切なことは、噛まれた子の保護者に「噛まれないような保育ができずに申し訳ありませんでした」と真摯な態度で伝えると同時に、噛んだ子の保護者にも、「噛みつきを止められない保育をしている園の責任です」と伝える姿勢です。専門職としての知識はぐっと胸にしまって、ほんとうに痛い思いをさせてしまった、そういう保育をしていたということを率直に認めることが大事だと思います。「仕方がない」ではなく、保育士として、噛みつき・

ひっかきを発生させない保育をもっと真剣に考えていくべきだと思います。未然に防ぐ方法を考え、実践的に研究し、振り返り、振り返った結果を再度現場で展開し、クラスの中で対処していくようにしなければなりません。経験豊富な保育士が少ない、臨時職員が多いといった言い訳で済ませるのではなく、経験のない保育士とも、保育の一致はできます。動きを一致させてていねいに対処し、振り返っていくことが大事だと思います。

◎噛んだ・ひっかいた子の名前は教える？ 教えない？

「うちの子を噛んだのは、どの子ですか？ 教えてください」

噛まれた子どもの保護者は、しばしばこう詰め寄ってきます。昔なら、園の保育に問題があったために結果的に噛みつきが起こってしまったという位置づけで、噛んだ子どもの個人名を云々することなく済んだものですが、最近はそうもいかなくなりました。「それでは納得できない」「謝罪してほしい」と主張する保護者が増えているのです。

園が噛んだ子の名前を伏せていても、お母さんに「誰に噛まれたの？」と聞かれれば、二歳児ともなれば、「○○ちゃんが噛んだ」と言います。一方、噛んだほうの子どものお母さんは、たいていの場合、この時点ではまだ何も気づいていません。そうすると、送迎時など、お母さん同士が顔を合わせる場で、噛まれた子のお母さんが腹立たしい思いをすることになってしまいます。「先生が何も言わないから、うちの子を噛んだのに、知らん振りしているわ」と。理不尽と言ってしまえばそれまでですが、そういう感情もあるという事実を知っておくことは大切です。

とはいえ、なんでも保護者にお知らせすればいいというものではありません。そんなことをすれば、噛まれた側、噛んだ側、どちらにも切ない思いをさせてしまいます。特に、噛んだ子のお母さんに知らせるかどうかは、ケースバイケースと言うほかありません。人によっては、「一生懸命子育てしているのに、私の育て方のどこが悪かったのだろう」と、自分を追いつめてしまうことがあるのです。園として防げなかった責任をきちんと認め、同時に、被害者意識、加害者意識を持たせない配慮が求められます。

また、月曜日になると決まってイライラしたり泣いたりする不安定な子どもの保護者の場合、子どもがよその子を噛んでしまったと告げても、その事実を受け止めてくれないことがあります。こういうケースでは、「保護者が聞く耳を持ってくれない」と保育士が悩んだり、最悪の場合、「あなたのために私が先生に文句を言われたじゃないの」と、子どもへの虐待につながることもあります。こうなると子どもはさらに情緒不安定になり、噛みつき・ひっかき行動を繰り返すという悪循環に陥ってしまう可能性もあります。

子どもが一〇〇人いれば一〇〇とおりの対応が必要です。現場としては悩むところですが、慎重な対応が求められるところです。同時に、一、二歳児クラスにおいては、「噛みつきやひっかきはいつ起こってもおかしくないもの」との危機管理意識を持ってください。着替えの際などは特に意識して、子どものからだに歯型や傷がないかどうか注意しましょう。午後の帰り際など、時間帯によっては観察している余裕などないこともあるでしょうが、長い一日の中には何度か発見のチャンスもあるはずです。ささいな傷でも見落とさない心構えを持ち、迅速で適切な対処につなげることが大事なのではないでしょうか。

5

保育士のための危機管理トレーニング

◎自ら考える保育士となるために

先述したとおり、安心安全な園づくりのためには、日ごろから危機管理意識を持つことが大切です。ここでは、そのためのトレーニング方法の例として、私の講演会で実際に参加者に体験してもらったワークを紹介したいと思います。保育の現場では、「ワーク」「トレーニング」という言葉は聞きなれないものかもしれません。しかし、子どもたちに対して「考える子になってほしい」と保育目標を立てるのならば、保育士自身も、深く考える大人になることが求められるのではないでしょうか。

そのための入り口として、一人で考えるのではなく、いろいろな題材で自分の考えを同僚と話し合う練習が必要だと私は考えています。話し合いをするといっても、多くの場合、話すことの得意な人の発言ばかりが多くなってしまいます。また、一人が話し終わったら次の人が話すという具合に順番に話す形式が一般的ですが、これでは話が深まらないことが多いように思います。ここで紹介する二つのワークは、誰もが自分の考えを話せて、お互いの考えを深めていけるようなトレーニング方法の一例です。

ワークの進め方は、次のとおりです。

①四人ずつのグループに分かれる。
②全体の進行役が問題提起をし、全員で情報を共有する。
③提起された問題や共有した情報について、まず各自で考え、思ったこと、感じたことなどをそれぞれが自由に書き出す（3～5分）。
④グループ内を二人ずつに分け、③で考えたことを二人で話し合う（5～10分）。これを、相手を替えて全部で三回繰り返す（自分以外の三人全員と話し合う）。
⑤四人で話す（10～15分）。話した内容をあとで発表するので、話し合う前に発表者を決めておくとよい。
⑥グループでの話し合いを発表し合い、職場全体で共有する。
⑦園長または責任ある立場の者がコメントする。

ワークによって多少作業内容が変わることはありますが、基本は同じです。こうして人と話すことで、自分の考えが深まり、お互いを理解できるようになります。

巻末に記入欄も用意しましたので、多くの職場で応用していただきたいと思います。

◎トレーニングの実際

以下は、本書出版のもととなった講演当日のワークの様子を、ほぼそのまま再現してみたものです。ワークの目的は、「一人ひとり考える保育士を育てる」でした。

●ワーク1●噛みつき・ひっかきをめぐる保護者対応

神田　きょう、あなたの保育園で噛みつき・ひっかきが起きたとします。この事実を保護者に知らせるかどうか、まず最初に各自一人で考えてみてください。次に、二人でおしゃべりをします。相手を替えて、四人いるグループの人全員と話しましょう。まずは隣の人と、次は向かい合っている同士で、そして斜め前の人と。全員と話したら、今度は四人全員で話し合い、そのあと、グループで話し合ったことを発表していただきます。発表といっても堅苦しく考えなくて大丈夫です。いわゆる「答え」のようなものはありません。みなさんが考えたことすべてが正解です。

ではまず、一人で考えてみましょう。時間は三分です。たっぷり時間がありますから、自分ならどうするか、じっくり考えて紙に書き出してみてください。

……（「ワークの進め方」⑤＝57ページ参照＝まで進める）……

神田　では、話し合ったことをグループごとに発表していただきます。同じような発表内容でも、表現や言い回しで違うニュアンスがあると思います。順番に発表していただきますから、気にせず発表してください。発表が終わったら、みなさんで拍手をします。保育園では若い保育士に発表するよう仕向けることがあると思いますが、そんなときはぜひ、拍手を実践するといいと思います。

Aグループ発表者　私たちのグループでは、四人中二人が「基本的に両方の親に伝える」、残りの二人は、「基本的に伝えないけれど、ケースバイケース」という考えでした。二歳児は子どもが親に相手の子の名前を言うということもありますし。でも、一歳児は状況を見ながらケースバイケースということです。保育園でも状況を伝えるとともに、子どもの良いことを伝えて、被害者意識、加害者意識を与えないように伝えるということです。それから、「うちの子が噛んだ場合は、絶対教えてください」という保護者の方が多いようですが、園の方針との関係もあり、基本的に難しい場合もあるということです。

神田　ありがとうございました。「良いことを伝える」というのは、具体的にはどういうことですか？

Aグループ発表者　噛んでしまった場合、保護者は「やってしまった」という気持ちになられると思うので、噛んだことだけを話題にせず、いいことも一〇個くらい伝え、加害者であることを強調するような言葉かけをしない、普段からの会話で子どものいいところを伝えておくということです。

Bグループ発表者　まず、ひっかいた子の保護者に対しては基本は伝えない、保育園の責任で伝えませんということでしたが、やはりケースバイケースで、頻発する場合は伝えることもあります。今の時代、「保育園の責任」だけでは収まらないということもあります。謝ってほしい、謝罪してほしいという保護者の気持ちもあるので、それだけではすまない場合があるということと、担任同士の人間関係に左右されるという話になりました。

Cグループ発表者　私たちのグループでは、基本は保育園の責任であるけれども、被害者側にも加害者側にも伝えるという考えが二人、ケースによって伝えたり伝えなかったりという考えが二人と、半々に分かれました。「ケースによって」という方には、たびたび続いたときは伝えますが、伝え方も直接的ではなく、「おうちで何か変わったことがあった?」など、いろいろな話を聞きながら伝えていくということでした。また、両方に伝えるというところは、「基本では保育園に責任があるということを示したうえで伝えています」ということと、伝えたことで逆にトラブルが増える場合もあるそうです。「知っているのに謝ってこない」

とか、「メールで謝ってくるのはおかしいんじゃないか」とか。お迎えのときに「噛んじゃってごめんね」と伝えることで、お互いに仲良くなるケースが大半ですが、そういう問題もあったという事例が出されました。最近は昔と違ってメールで情報が飛び交うので、あっという間に「あの子は噛む子」となってしまうこともあるので、とても気をつかいながら話していかなければいけないということが出ていました。

神田　ありがとうございました。伝えるときに、「おうちで変わったことがあった？」という聞き方ですが、家の責任という解釈について、よく話が出ます。謝罪の際に「おうちで変わったことがあった？」という言葉が入ったとき、もめたケースがあるんです。「自分たちが悪かった」「止められなくてごめんなさい」と言っているのに、「うちで何かあった？」とはどういうことかと。「じゃあ、私が悪かったの？」と思う保護者がいるということです。「おうち」という言葉は慎重に使うことも大切です。

このように、コミュニケーションはとても難しい。微妙なんです。この研修は、そういうことを考えたいと思います。あくまでも「園の責任」という立場を貫き、「防ぐことができなくて申し訳ありませんでした」と率直に伝えることが大切ですね。参考になる、とてもいい発表をありがとうございました。

Dグループ発表者　私たちのグループでは、噛まれたほうの保護者には伝えるけれど、噛んだほうの保護者には伝えない、という園もありました。あるいは、ゼロ歳児、一歳児のクラスでは、子どもの心の発達を伝えたうえで、「お子さんがもし、噛みつきやひっかきの加害者になったときも、事実を伝えてほしいとお考えですか？」と、最初の懇談会のときに保護者に伝えている園がありました。そうすることで、噛んだ・ひっかいた子の名前を聞かれたときにどう対応すればいいかがはっきりするし、加害者側に伝える伝えないにかかわらず、子どもの発達のことをお母さん同士で話す機会になるということです。

そういうことをみんなで考える場をつくることで、園とお母さんたちで子どもたちの成長を見守ったり、トラブルにも柔軟に対応できる関係をつくっていけるのではないかという話になりました。懇談会をしていない場合は、とりあえずは「園で起こったことなので園の責任」ということは伝えつつ、お母さんとしては納得できないところもあると思うので、相手の名前は伏せつつも、相手のお母さんに機会があったら話していきたいとか、園ではこういうことを改善したり話し合ったということを、その後に伝えることも必要なのかなという話が出ました。

あとは、お母さん同士が顔を合わせる場では、職員や保育士が仲介役となって具体的に話をすることで、お母さん同士も納得できることがあるのかな、という話もありました。やはり、日頃のコミュニケーションがうまくいっていないと、問題を大きくしてしまうようです。

先ほどの話にもあったように、まずは誰でもできる挨拶からていねいにやっていこうということです。私が個人的に心配なのは、子どもを見つつ、送り迎えのお母さんとうまくコミュニケーションをとるのはむずかしいということです。挨拶しつつも「お母さんと話せる別の時間をつくろうね」とか、保護者との関係を日頃からていねいにつくっていくことが大事なのかなということに話は至りました。

神田　ありがとうございました。ワークに取り組むなかで、「そういう考え方もあるのだ」と思うことがたくさんあったのではないでしょうか。いろいろな考えを自分の中に取り入れ、自分にとって、自分の園にとっての解決とは何かを考えていただけるといいと思います。

●ワーク2●連絡ノートの書き方

【事例】お母さんからの連絡ノート

昨日保育園から帰り、お風呂に入るとき背中に噛まれた跡があるのを見つけました。歯形の跡を見たのは初めてなので、ビックリしました。でも○○はお風呂に入って痛がる様子もなく、今朝は機嫌良く起き元気です。きょうもよろしくお願い致します。

神田　歯型をつけておうちに帰してしまった子のお母さんが、とても気をつかいながら短く上手にまとめて書かれたことがわかる内容ですね。自分が担任になった気持ちになって、このお母さんへの返事を各自で書いてみてください。

………（作業時間3～5分）………

次に、書いたものを二人で読み合ってください。どちらからでもいいです。声に出して読むといいと思います。そして、お互いのノートの良いところを、大げさにほめ合いましょう。あまりにも歯の浮くようなお世辞だと信憑性がなくなりますが（笑）。一〇分くらい時間をとります。どの部分をほめてもらったか、書きとめておいてください。

………（作業時間5～10分）………

どうでしたか？　たくさんほめてもらえましたか？　ほめてもらえると、うれしいですね。

では、今度はグループを組んだ四人全員で、読んだり、ほめ合ったりしてください。自分の何をほめてもらったか、書きとめておくのを忘れずに。過去の例では、「字がきれい」という苦肉の策のほめ言葉もありました。大笑いしましたが、それでもいいんです。

………（作業時間10～15分）………

ほめてもらったことを書きとめられましたでしょうか。ではこれから、自分が書いた連絡ノートの内容と、それについてどんなところをほめてもらったかを発表してもらいます。強制はしません。挙手をしてください。先ほどと同じように、発表者への拍手を忘れないでいただきたいと思います。それでは勇気を出して、はい、Aさん。

【連絡ノートの返事／保育士Aさんからお母さんへ】

背中の跡を見て驚かれたことでしょう。そして、○○ちゃんも痛かったことと思います。噛まれてしまったことに気づかずに本当に申し訳ありませんでした。今後このようなことがないように気をつけていこうと担任間で話し合ったところです。また、何か気になったことがありましたら、遠慮なく伝えていただければ助かります。

A　こう書いたあと、その日の楽しかったことを書こうかと思いました。ほめていただいたことは、まず親の気持ちに立った言葉と、子どもの気持ち、思いの言葉があっていいということでした。それから、自分たちの反省を書いたところと、これからも何でも言ってくださいというひと言は大事じゃないかとほめていただきました。

【連絡ノートの返事／保育士Bさんからお母さんへ】

知らせていただいてありがとうございました。気がつくことができず、どうもすみませんでした。本当に痛い思いをさせてしまいました。申し訳ございませんでした。今後とも気をつけていきたいと思います。その後のお子さんの様子を聞かせてください。よろしくお願いします。

B　端的で短い文章で、あたりさわりないですが、これでいいと言われたので、よかったです。

C　うちの園は、こういうことが起きたとき、翌日必ず看護師がみてくれて、簡単な手当てをしてくれるということを前提に書いた返事です。

【連絡ノートの返事／保育士Cさんからお母さんへ】

連絡帳を読み、事実を知りました。○○ちゃんに痛い思いと、お母さんには辛い思いをさせてしまいました。気づけず、また噛みつきを止めることができず、本当に申し訳ありませんでした。背中の噛みつき部分の状況を見させていただき、園長と看護師に報告させていただきました。看護師に○○の手当てをしていただきました。様子をみていただき、お手数をおかけしますが、またお知らせください。今後、このようなことがないように気をつけていきたいと思います。

C　ほめていただいたことは、気づかなかったことへのお詫びがしてあることと、状況把握をして手当てについても書いてあるということ、今後についての考えや思いが、お母さんの気持ちに立ってきちんとお知らせしてありますね、とほめられました。

【連絡ノートの返事／保育士Dさんからお母さんへ】

　背中に歯型があったとのこと。○○ちゃん、痛かったでしょうね。お母さんにもご心配をおかけし申し訳ありませんでした。早々に看護師にみてもらい、様子をみてきました。職員で今後このようなことがないように話し合いを行いましたので、また何かありましたらお知らせください。よろしくお願いします。

D　看護師の方にみてもらったということを書いたのは良かったということと、「○○ちゃん、痛かったでしょうね」と書いたのと、お母さんの気持ちに立ったことが書いてあるのが良かったとほめていただきました。

【連絡ノートの返事／保育士Eさんからお母さんへ】

こちら側の気配りが足らず、お母さまのほうから先に歯型の跡を発見させる形になってしまい、申し訳ございませんでした。園のほうで、○○ちゃんの傷の様子、状態を確認しました。昨日痛がる様子はなかったとのことでしたが、大切なお子様に傷を残してしまって申し訳ございませんでした。もう一人の担任、園長とともに、噛みつきの原因の追究を急ぎます。また、お迎え時に連絡いたします。

E「お母さまのほうから先に発見させる形になってしまい」という言い方がよかった、というふうにほめられました。

【連絡ノートの返事／保育士Fさんからお母さんへ】

歯型を残してしまい、申し訳ありませんでした。痛がる様子もなかったとのことですが、噛まれたときにはきっと痛かったことと思います。からだ同様心に傷ができていないか、保育園に来るのが嫌にならないか、心配です。また、ご家族の皆さまにはご心配をおかけいたしました。職員一同で反省し、話し合いを持ち、二度とこのようなことがないよう保育をしていこうと話しました。

F　ほめられたことは、心の傷にふれたことと、「職員一同で」というところをほめていただきました。それから、他の方の発表で、「お知らせいただきありがとうございました」というのは私の返事にはなかったので、それはつけ加えたほうがよかったと思いました。

【連絡ノートの返事／保育士Gさんからお母さんへ】

昨日はお母さんを驚かしてしまい、申し訳ございませんでした。私たちの不注意で、○○ちゃんに痛い思いをさせてしまったうえに、気づかずにお帰ししてしまい、本当に申し訳ございませんでした。今後はこのようなことがないように職員一同で対応を話し合い、周知徹底いたします。またその件に関してはご報告させていただきます。○○ちゃんが痛がる様子もなく、機嫌が良いというお言葉に救われました。ご連絡ありがとうございます。

G　ていねいに答えているねということと、職員一同で話し合いをした後の対応を報告すると言っている点をほめられました。

【連絡ノートの返事／保育士Hさんからお母さんへ】

昨日のかみつきの件に関しましては、気づかず、ひとことのお詫びの言葉もなくお帰ししてしまったこと、まことに申し訳ありませんでした。たぶん○○ちゃんは痛かったことでしょう。泣きもせず、またきちんと処置もしてあげられずに、お母さんもびっくりされたことでしょう。かわいそうなことをしてしまいました。しかし、本日機嫌もよく登園できたことを本当にうれしく思います。お母さんの考えのお言葉に、ただただ感謝です。きょうはおもちゃのカタカタをしたり、積み木で遊んだり、楽しそうに遊んでいました。

H　ということで、ちょっと保育園の様子を続けて書きました。謝罪をしたこと、きょうの様子も書いたこと、お母さんの気持ちになって書いてあるということをほめていただきました。

神田　どの方のノートの発表を聞いても素晴らしいなあと思いました。やはりちゃんとポイントを押さえていますね。

一番のポイントは謝罪。どんな理由があったとしても、謝罪です。どなたも書かれていたので素晴らしいと思いました。園側から、担任から、謝罪ができるかどうかによって、前に進められるか否かが決まるのではないかと思うんです。完璧な人間などいません。謝罪ができること、その謝罪をみなさんそれぞれに素直な表現で書かれているのは素晴らしいと思います。その前に、自分の書いた文章を読むという勇気に対して大きな感謝をささげたいと思います。本当にありがとうございます。何をするにつけ、なかなか勇気が出ないものですが、素晴らしいなあと思いました。

発表の中で、噛みつきに気がついたのか、気がつかなかったのかというのがありました。いずれにせよ、気がついても伝えなかったことに対しての謝罪、気がつかなくて申し訳なかったという謝罪があってよかったと思います。迎えのときに伝えようと思っていたのに忘れてしまったというのは、わかりやすい事例ですね。私の考えでは、噛みつかれたことを重く受け止め、なんとしても謝罪しなければと心に留めていれば、忘れることはないのではと思います。

では、噛みつき・ひっかきに気づける保育をするにはどうしたらいいのかを考えてみましょう。午睡のとき、洋服を着替える機会があります。上半身だけでも、そういうときに必ず見るようにする。歯型があることなど想定もせずに着替えさせるのと、一つでも傷があってはいけないと危機管理意識をもって着替えさせるのとでは、注意の度合いが違うと思います。「いつ噛みつき・ひっかきがあってもおかしくない」という心構え、見つける努力をすることがとても大事だと思います。

そして、そういう姿勢を担任の間で意思統一する。「私のやり方を見て覚えてね」ではなくて、「必ず見ましょうね」と言葉で伝え、伝えられたほうも、「そうしましょう」と言葉を返して確認し合うこと。お互いにキャッチボールをしていれば、改善できると思います。

一〇〇人いれば一〇〇人の書き方があると思いますが、書く精神はみな同じです。表現が違うだけで、基本はまったくくずれることなく素晴らしいです。このようなノートを書いたやりとりを担任同士でできるといいですね。私の地元では、担任が三人のときには二人しかノートを書かず、一人は日誌を書くというふうにローテーションを組んでいます。書いたものを、お互いが保護者の気持ちに立って読んで、ほめる。「保育の中で先生が優しく絵本を読んでいるから、子どもが絵本を読むよね」とほめるように、連絡ノートもほめる。この場合も、後輩が先輩をほめるには勇気がいりますので、後輩を育てるという意味からも、先輩が率先して後輩をほめることが大事ですね。

トレーニングはちょっとの時間でもいいので、やりとりすることが必要です。そして、酸いも甘いも何でもわかり合って、クラス担任同士が良い関係になれたときは、お互いにほめるばかりではなくて、辛口のコメントもする。もうワンステップ上るには、ほめ合うだけの関係を卒業して、「もっとこういうふうにするといいわよ」という辛口のコメントを出してあげる。そういう関係になるといいですね。

実際、私は保育園の研修の中でやってみました。連絡ノートに対して四人で辛口のコメントを言い合うワークです。そうしたらあるグループで、先輩とその年に入った新人が向かい合って座っていたのです。すると新人さんが、「辛口のコメントなんて言えません」と。「じゃあ、良いところなら言えるの？」と聞いたら、「はい、良いところなら言えます」と言うので、「どんな表現なら言えるの？」と聞くと、「先輩、もう完璧です」と言ってくれたんです（笑）。

そこで私は、参加者にこう問いかけました。「今の話を聞いて、みなさんはどう思われますか？」と。「それではつまらない。そこで話がおしまいになってしまう。みなが先輩を立てて『完璧です』となったら、何のために連絡ノートの勉強会をしたかわからなくなってしまうでしょう？」と。そして、「それでは、勇気をもって辛口のコメントをしましょう」と促したら、参加者は頭をスパッと切り替えてくれました。それから出てきた辛口コメントは、それはそれは面白かったです。

みなさんも、やってみてください。これには、かなりの人間関係力がいりますよ。

その完璧と思う連絡ノートを見た人は、すごく考えていました。何を発表してくれるのかなと思っていたら、「『ね』という語尾を多くすると優しい感じになるかもしれません。このノートには、『ね』がなかったから、入れたほうがいいと思います」と言ったんですね。そうしたら、同じグループの人が、「『ね』『ね』『ね』と何度も入ると、変な文章になると思います」と言ったんです。そこで、実際に「ね」を入れて書き直してみたら、確かにすごく変でした。「ね」の攻撃みたいで。それで、「語尾に『ね』を入れるなら一か所くらいがいいかもしれないわねえ」と、みんなで納得したんです。

もう一つ、二歳児クラスの事例です。動物園に親子で行ったら子どもがとっても喜んだ。カバくんを見て、「おい、カバくん！」と呼んで、顔を出したら「わ〜」と喜んだ。その様子をお母さんが連絡ノートに書かれたんですね。「私は疲れたんですけれども、子どもが喜んでくれて疲れがとびました」と。このお母さんの連絡ノートに対してみんながそれぞれ返事を書くというワークだったのですが、「お母さん、お疲れさまでした」という返事の連絡ノートに辛口のコメントが出されました。「連絡ノートに『お疲れさま』はないでしょう」というコメントです。「お疲れさま」は、職員同士の表現ですね。その人はきっと、連絡ノートの勉強会をしなかったら、これからもずっと「お疲れさま」という表現を使い続けていたと思うのです。その方は四十代の方でしたが、「全然気がつかなかった。自分では何気なく使ってきた言葉だったけれども、指摘されてハッとした」とおっしゃっていました。

良い点をほめられることは自己肯定感につながっていいことですが、そこからもう少し進んで、「もうちょっとこうすれば」ということを言ってもらう。辛口コメントは同僚になかなかなか言えないので、こういう勉強の場で後輩から言ってもらう。先輩から後輩への辛口コメントは容易かもしれませんが、後輩からもらう辛口コメントは、きっとその人の人生の方向が変わると思います。

「字が汚い」という辛口コメントをした人もいます。連絡ノートは保護者に読んでもらうために書くものです。走り書きのような汚い字と、心のこもったていねいな字と、どちらがいいか、言うまでもありません。多少手厳しいことが書かれていても、字がきれいなだけで悪い印象が薄まることだってあります。「字が汚い」という指摘をした人はとても勇気がある人だと、みんながほめていましたし、言われた人も、「自分の字の汚さを再認識できたので、気をつけようと思いました」と言っていました。

このように、連絡ノートを題材に職場で勉強することは、自分をさらけだす貴重な機会になります。それを同僚同士で話し合うことで、ふだんの実践を客観的に見直し、勉強し合うチャンスにできますので、ぜひやってみてください。大きな財産になると思います。

終わりに

講演内容を活字に、とのお誘いを受けたとき、「とてもできない」と思いました。できればこのまま時が経てばと思っていたのですが、私が所属している一般社団法人日本保育者支援協会には噛みつき・ひっかきの園内研修依頼が多々あり、この問題にどの職場も真剣に向き合っていること、保育園の永遠の課題であることを再認識しました。

考え方を変えてみると、噛みつき・ひっかきからだけで考えるのではなく、「保育は人なり」と言うほど人間関係が鍵になります。人間関係から噛みつき・ひっかきを考えてみたり、危機管理意識を持った保育をする必要性を感じました。これらのことを実際に理論と実践を結びつけて、それぞれの職場で解決の糸口をつかむには、一人ひとりが主人公の考える保育が大事と思うようになりました。

「ワーク」「トレーニング」など耳慣れない言葉ですが、その方法を活字でもお伝えできればと思い、講演当日に行ったワークの内容をほぼそのまま本文に載せました。一人で考え、二人で考え、グループで考えるワークの手法でトレーニングを行うと、このような形になり、実践に生かされるのではないかと思います。

私の思いをていねいにくみ取っていただいた子どもの未来社の奥川隆氏、全面的な支えをいただいた、子ども総合研究所グループ代表であり日本保育者支援協会の理事長・新保庄三氏に感謝申し上げます。

二〇一三年七月

神田富士子

付録◆ワークの進め方&記録シート

＊①〜⑨の手順に従ってワークを行ってみましょう。

【ワークの進め方】

①四人ずつのグループに分かれる。
②全体の進行役が問題提起をし、全員で情報を共有する。
③提起された問題や共有した情報について各自で考え、思ったこと、感じたことなどをそれぞれ書き留める（☞81ページ）。——3〜5分
④グループ内を二人ずつに分け、③で書き留めたことを話し合う。話し合ったことを記録（☞82ページ）。——5〜10分
⑤相手を替え、④を繰り返す（☞83ページに記録）。
⑥まだ話していない一人に相手を替え、④を繰り返す（☞84ページに記録）。
⑦グループの四人全員で話し、話した内容を記録する（☞85ページ）。あとで発表するので、話し合う前に発表者を決めておくとよい。——10〜15分
⑧⑦を発表し合い、職場全体で共有する。
⑨園長または責任ある立場の者がコメントする。

記録欄（③用：自分の考えを書き出す）

記録欄（④用：2人で話し合ったことを記録する）

記録欄（⑤用：2人で話し合ったことを記録する）

記録欄（⑥用：2人で話し合ったことを記録する）

記録欄（⑦用：４人全員で話し合ったことを記録する）

【参考文献】

・加藤繁美著『0歳～6歳　心の育ちと対話する保育の本』学研教育出版、二〇一二年
・田中昌人・田中杉恵著『子どもの発達と診断〈3〉幼児期』大月書店、一九八四年

【著者紹介】
神田　冨士子（かんだ・ふじこ）
和泉短期大学児童福祉学科卒業後、埼玉県草加市の公立保育園に勤務。退職後は、ほほえみ共済（現・一般社団法人日本保育者支援協会）の専任保育園スーパーバイザーとして、保育相談や園内研修の講師を務めている。

―― 保育士のための園づくりトレーニング
どうする？ 1、2歳児の噛みつき・ひっかき

2013年　8月　6日　　1刷発行
2019年　2月21日　　4刷発行

著　者　神田冨士子
発行者　奥川　隆
発行所　子どもの未来社
〒113-0033 東京都文京区本郷3丁目26-1-4F
TEL 03-3830-0027　FAX 03-3830-0028
振替 00150-1-553485
E-mail：co-mirai@f8.dion.ne.jp
http://www.ab.auone-net.jp/~co-mirai
印刷・製本　シナノ印刷株式会社

ISBN 978-4-86412-065-4　C0037